Psychology of Food and Psychological drive

食の心理学「食生心理」で作る

心理を読み解く食材とレシピ

エスニック料理編

坂口烈緒

食の心理学「食生心理」で作る

心理を読み解く 食材とレシピ

エスニック料理編

目次

食生心理の成り立ち食と生理的欲求における心理学「食生心理」。

英語でいうと「Psychology of Food and Psychological drive.」

略して PFP。

あまり聞き馴染みのない言葉だろう。

食生心理は、食材ごとの人間の精神に対する作用を考えるという学問であり、この概念自体は 1800 年代後半頃からすでに研究されていた。

だが、実用的な段階になったのはごく最近のことであり、まだ研究の只中にある学問だ。

食生心理の成り立ちを語るなら、まず最初に触れるべきは、大元となったドイツが発祥と言われる学問、心身医学だ。

心身医学というフレーズは、聞いたことがある人も多いだろう。人間の身体

の不調の要因を、肉体だけではなく、精神にも求めるという考え方だ。

例えば、世界中にウイルスが蔓延しているような状況にあると、多くの人々がウイルスに感染し、病におかされる。

だが、同じように感染者と接触した人の中にも、ウイルスに感染する人と、感染しない人がいる。

例えば、難病におかされた人々がいる。ここでも同じ病気の、同じステージで、同じ治療を受けているにも関わらず、病状が改善する人と、しない人がいる。

もちろん、「たまたま」感染しなかっただけ、という可能性はあるだろうし、何か「体質」の違いがその原因となった可能性もある。

だが、「たまたま」や「体質」という言葉を使って、原因不明のまま放置して置くのは、どこか居心地が悪かった研究者たちがいたのかも知れない。

ある研究者たちは、人が病におかされるときには、肉体的な要素だけではなく、心理的にも何か原因があるのではないかと考えた。

これが心身医学だ。

この学問で様々な研究がなされた結果、人体と心のつながりはさらに深く掘り下げられていった。

すると、ここで新たな疑問が出てきた。

今度は、同じ病気の、同じステージで、同

じ治療を受けていて、それだけではなく、精神的な状態もほとんど同じ、という場合でも、治療効果に差が出る場合があったのだ。

ここでさらに別の研究者たちが、人間の身体の変化を決定する要素は、心と体以外にもあるのではないかと考えはじめた。

そう、３つ目の要素がある、という考えが生まれたのだ。

その３つ目の要素というのが、人間の「無意識」だった。潜在意識と呼ばれる部分だ。

ここから、人間の身体の変化というのは、肉体と、心（顕在的なストレス）と、無意識（潜在的なストレス）によって、決定されるとする、心身医学の派生系学問として、「BPM（Bhashini Psychosomatic Medicine)」という考え方が生まれた。

無意識や潜在意識という言葉は、心理学系の書籍や自己啓発本でも見かけるようになってきた言葉だから、なんとなくどういうものなのかイメージがつく人もいるだろう。

しかし実際には、我々はそれらを体で感じたり、目で見ることは出来ないわけだから、その存在は実感し難い。

分かりやすいのが、サンフランシスコ大学のリベット教授の実験だ。

人間が体を動かそうとするとき、我々の脳は身体に対して、この部位をこうやって動かすように、というシグナルを送る。

リベット教授は、被験者の脳に電極を指して、「指を曲げよう」と意識した瞬間と、「曲がれ」という筋肉への指令が脳の運動野で出た瞬間のタイムラグを計測した。

すると驚くべき事に、我々の脳内では、「意識的な決定」を示す電気信号の約 0.35 秒前には、それを促す無意識的な「準備電位」が現れていることがわかった。

つまり、我々が「こうしよう」と意識的な決定をする約 0.35 秒前には、すでに脳が決断をくだしていたことになる。

まるで我々のニーズを先読みするかのように。あるいは、そもそも我々に自由意志やニーズなど無いのかも知れないとする説もある。

では、一体なにが我々の身体を動かしているのか。

そう、それが無意識だ。

そしてこの無意識は、当然我々の身体の一部であるわけだから、顕在意識同様、我々の身体の為に存在する「システム」だと言える。

例えば、熱いヤカンを触ったときに、一瞬でも熱いと感じれば、我々は慌てて手を引っ込める。

反射と呼ばれる無意識の働きだ。このシステムによって、我々は火傷から身を守れる。

もし、我々が、顕在意識で行った判断に基づいた行動しか取れないような生き物であれば、熱い物を触ったときに、

触った→熱い→どのくらい熱いだろうか？→これは火傷をしてしまう温度だ→よし、手を引っ込めよう

という、長いプロセスを辿ることになる。もちろんこれも脳内では一瞬で行われる作業だが、火傷するには十分な時間かも知れない。

我々の無意識は、反射的に手を引かせることで、我々の身体を守っているのだ。

では、先ほどの話に戻ろう。

無意識を病気の要因の一つとして捉える「BPM」では、この、我々の身体を守るシステムである無意識が、一体どのように関わってくるのか。

風邪を引くときを例にしよう。

これはどのような医学においても同じだが、そもそも肉体的な原因がないと人は病気にはならない。

ウイルスや細菌、免疫力の低下というような肉体的な原因があって風邪をひく。おそらく、この世に魔法で風邪をひく者などいないだろう。

大前提はそれとして、だが、それだけで病気になるわけでもないというのが「心身医学」の考え方だ。

ここで重要になってくるのが二つ目、メンタルの要素。

「心身医学」において、これは病気によって、それぞれ違った精神状態が発症、悪化のきっかけになるとされている。

一つ例を挙げると、風邪の場合は自分のキャパシティをオーバーした精神的疲労を抱えてしまっている状態が、最も感染しやすいとされている。

すでに体力の限界を迎えているが、それでも何かしなければならない状況にストレスを感じ、休みをとりたい、人に労わられたいという満たされない欲求を抱えている状態だ。

さて、肉体的な原因と、精神的な原因を確認した。

最後に、三つ目の要素、無意識の要素を考えよう。

例えば、我々が顕在意識で「もう少し頑張らなければ」「会社に行かなければ」「学校に行かなければ」と思っていたとしても、同時に「休みたい」「労わられたい」と思っていると我々の無意識は、防衛として、「休みたい」「労わられたい」というニーズを優先しようとしてしまうのだ。

というのも、無意識は基本的に、生理的な欲求や安全の欲求に反応するという性質をもっているからだ。

「責任を果たす」「約束を守る」「成績を上げる」

こういった社会的欲求や承認欲求など文化的な欲求には、無意識は中々反応できない。

だから、「会社に行きたい」「でも休みたい」という矛盾した欲求があるときには、身体を休ませることの方が、無意識というシステムにとっては重要になる。

すると、無意識は、休もうとしない自分の身体を休ませる必要が出てくる。

ここで、防衛のツールとして、「風邪」を使うのだ。

そう、無意識は我々の身体が休まざるを得ない状態を作る為に、「風邪をひかせよう」とする、というのだ。

そしてリベットの実験で、我々の意思とは無関係に指を動かしたように、

我々にマスクをつけ忘れさせたり、

薄着をさせたり、

あるいは我々の体の免疫力そのものを弱めてしまう場合もあるのかも知れない。

これが、「BPM」における無意識の働きであり、我々の身体のあらゆる変化は、このようなプロセスで引き起こされているというのだ。

そして、この考えは、食生心理の成り立ちに関わっている。

まず、我々が何か食べ物を摂ると、身体には様々な変化が起こる。

例えば、食べ過ぎれば肥満になる。これも体の変化だといえる。

納豆やバナナのような、カリウムが豊富なものを食べると、むくみが取れやすくなるし、カフェインを大量に摂れば、眠気が軽減される。

カルシウムを摂ると骨が強くなり、ビタミンが豊富な食材を摂ると肌が綺麗になる。一回の食事では微々たるものだが、変化は確実に起こっている。

さて、ここで先ほどの BPM の考え方を思い出して欲しい。

この学問では、人間のあらゆる身体的変化には、肉体、精神、潜在意識の三つの要素が揃う事が必要だという話だった。

食事によって肉体に変化が起きる以上、ここにも三つの要素が存在している事になる。

では、まず、この状況で肉体の要素と呼べるのは、何だろうか。

これは、栄養素そのものだ。カルシウム、ナトリウム、ビタミン。風邪で言うところの細菌やウイルスと同様に、物理的に体に変化を与えてくれる要素だ。

では、ここで二つ目の精神の要素はいったんスキップして、三つ目の無意識の要素を考えてみる。

実は、これは既に満たされている。というのも、我々が何かを食べたいという欲求に駆られているとき、その欲求はそもそも無意識が生み出しているのだ。

我々には「明日は絶対、〇〇が食べたくなるようにしよう」と予定を組む事は出来ない。食欲というのは、常にそのタイミングで湧き上がってくる衝動なのだから、顕在意識でコントロールする事は困難なのだ。

もし、食欲が顕在意識でコントロールできる要素であれば、食事制限によるダイエットも簡単なはずだ。

さて、以上を踏まえると、我々は常に無意識の引き起こす衝動に従っているわけであるから、この要素は満たされていると考えて良い。

では、一つ戻って、二つ目の要素を見てみるとしよう。精神の要素。

食事において、この要素を担うのは、いったい何なのだろうか？

食生心理は、ここに注目した学問だ。

体に作用する栄養素があるように、精神に作用する何かしらの要素が食べ物ごとにあるのではないだろうか？

そして、人の嗜好や、衝動的に特定の食材を食べたくなる要因がその要素に隠されているのではないか？

そんな仮説が立てられたわけだ。

そして、実際の研究が行われる事になった。実証実験と統計を繰り返していく中で、様々な興味深いデータが見つかった。

これが食生心理の成り立ちだ。

今回、このレシピブックには、特に高い精度が研究結果として得られたとされている食材を中心に、一週間分のレシピを書いている。

それぞれの食材が食生心理において、どのような作用をもつのか。本書を読み進めて確かめて欲しい。

そして、食生心理にはいくつかの前提となるルールがある。レシピに進む前に、まずは、それを確認して欲しい。

「食生心理においての好き嫌い」

まず、食生心理においては

ある特定の食べ物を好む傾向が強い状態
ある特定の食べ物を嫌う傾向が強い状態

このどちらも、精神的に健全ではない状態であるとされている。

食生心理において、最も精神的に安定していて、理想的とされる状態は、ある食べ物に対して好きでも嫌いでもないという状態だ。

ある特定の食材を好む場合の心の傷や悩み
ある特定の食材を嫌う場合の心の傷や悩み

これらは、同じ食材であってもそれぞれ内容が異なっており、それぞれに理由がある。

　この食材を好むとこういう精神状態であり、こういうストレスを抱えている。
　この食材を嫌うとこういう精神状態であり、こういうストレスを抱えている。

　というように、それぞれに精神的な原因があると考えるため、ニュートラルな状態が理想的だとされる。

「食材の摂取量」

食生心理を背景に考えると、「この食材を食べたくなった場合にはこういった精神状態にある」ということが推測できる。

さらにこの食材を食べることでこういったストレスが軽減できるということも分かるため、例えば特定のストレスがかかりそうな環境に行くのなら、それに合わせた食材を事前に摂取しておこうというような、予防的な使い方もできる。実際に予防作用が実証された食材もある。

食材を摂取するときに、食生心理においては、摂取する量はあまり重要ではない。大量に摂ることでより大きな効果がみられたというような食材はほとんどない。

どちらかと言うと少量でも構わないから、長期間にわたって高頻度で摂取したほうが効果的であるというものの方が多い。

例えば、オレンジを摂取する場合は、果汁が少しでも入っている飲み物であれば、一滴でもいい。厳密には、食生心理は味覚に対する反応をベースとして考えている学問なので、味を感じられる量であれば良いとされている。

「食生心理は味覚の心理学」

食生心理は味覚をベースとして考えられている心理学だ。

そのため、皮をむくのが面倒だからオレンジを食べない、というような心理状態は食生心理における「オレンジ嫌い」の人の心理とは異なる。

基本的には「オレンジの味が嫌い」という条件でない限りは、食生心理を利用して心理状態を測ることはできない。

ベジタリアンも同様で、単純に「肉の味が嫌いだから食べない」のであれば、食生心理が応用できるのだが、動物を殺傷することに抵抗感があるから肉を食べない、と言う場合は、味覚とは無関係な要因になってしまうので、食生心理に照らして心理状態を考えることは困難になる。

あくまでも味覚の心理であるというところを理解して欲しい。

「食生心理においてのアレルギーの扱い」

また、食生心理における、ある食材に対してのアレルギーについての考え方は、その食材を嫌うときの心理状態とは、異なる考察が行われる。

さらに、先天的アレルギーと、後天的アレルギーのどちらであるかによっても、その内容は異なる。

この内容は複雑になるため、本書で触れることはないが、一応、「嫌い」の状態とは別ものであるということを理解しておいて欲しい。

それでは、以上の内容を踏まえて、レシピに進んでいこう。

BPM
MENU

①日曜日のレシピ

「スリランカ　カレー」

「自信を持ちたい人へのレシピ 」

テーマ①　自信をつけさせてくれる。

テーマ②　セルフイメージの向上。

テーマ③　自分の意見をちゃんと表現させてくれる。

自信に満ちた

大好きな自分で

新たな一週間を送るために、

日曜日にぜひオススメしたいのが、

スリランカカレー。

いったいどんな作用を持つのか、レシピとともに見ていこう。

材 料

カルダモン	6 粒
クローブ	6 粒
シナモン	1 本
玉ねぎ	1 個
にんにく	1 片
トマト	1/2 個
ヨーグルト	50 g
カイエンペッパー	小さじ 1/2
ターメリック	小さじ 1
コリアンダー	小さじ 1
クミン	小さじ 2
鶏もも肉＆むね肉	200 g ずつ、計400 g
ココナッツクリーム	大さじ 3
水（炒め用）	100 ml
水（仕上げ用）	250 ml

レシピ

1. 鍋に油を熱してカルダモン、クローブ、シナモンを加えて炒める。

2. 玉ねぎをみじん切りにして、1に加える。玉ねぎがきつね色になるまで炒め、すりおろしたにんにくと、炒め用の水100mlを加えて、水分がなくなるまで強火で炒める。

3. よく潰したトマトとヨーグルトを加え、再びしっかりと水分が飛ぶまで炒める。

4. カイエンペッパー、ターメリック、コリアンダー、クミンを加えて、混ぜ合わせながら2分程度弱火で軽く炒める。

5. 鶏肉を加えて、鍋底が焦げないように注意しながら、中火で肉の表面が色づくまで炒める。

6. 水を250ml加え、沸騰したら蓋をして、弱火で50分程度煮込む。

7. 蓋を開けて、中火で10分ほど水分を飛ばしながら煮込む。

8. 火を止めたらココナッツクリームを加え、よく混ぜる。余熱で火が通ったら完成。

食生心理でみる各食材の意味

材料の中でも特に重要な食材をピックアップしている。
注意深く、その作用を見ていこう。

1. カルダモン

まずはカルダモンだ。自己表現が難しい人は、コミュニケーションにおける緊張が強いことがその原因になっている場合も多い。

カルダモンは、食生心理において、そういった被験者のストレス軽減に役立つ可能性があることがわかっている食材の一つだ。

特に、コミュニケーションに由来する責任感や罪悪感を利用して、自分を追い詰めるような一種の自罰的性質をもっている人ほど、ストレス軽減の効果は大きく見られる傾向にあるようだ。

同時に、こうして自分を罰したり、リラックスしにくい気質をもつ人は、セルフイメージの低さが、コミュニケーションにおける緊張や疲労の原因になっている可能性も高い。

この食材は、コミュニケーションにおいての緊張の緩和、セルフイメージの向上、精神的リラックスに大いに役立ちそうだ。

2. 鶏もも肉＆胸肉

自分の社交性、あるいは人間関係、コミュニケーションに関連する自分の能力に不満を抱いている状態にある被験者が、特に欲する傾向を示したのが鶏肉だ。

興味深い事に、特に肉類は部位ごとに応じて嗜食層の性質や特徴に変化が見られることが多い。もちろん鶏肉も例外ではないが、今回は最もよく目にする、胸肉ともも肉を利用する。

まず、鶏の胸肉を好む場合は、コミュニケーション能力に関するコンプレックスが原因になり、人間関係で嫌悪する人間がいるとする被験者が多かった。

他にも、苦手なタイプの他人にコンプレックスを抱いているような被験者も鶏むね肉を好む傾向にあった。つまり、特定のターゲットに関連する記憶に誘発されるような、トラウマ意識がコミュニケーションに関しての苦手意識を生み出している可能性がより高い。

一方でもも肉を好む被験者たちは、こちらはシンプルに会話する能力や、表現力に関しての不足感やコンプレックスを抱いているというものがより多かった。

今回のテーマでは、どちらの部位が担う要素も緩和しておいた方が良いし、原因がどちらなのかを自覚するのは難しい。是非両方の部位を使おう。

3. トマト

トマトは自分を追い詰める傾向が強い被験者たちに、より好まれる傾向があった食材だ。自分を労れない、休みがとれないというような層では特に効果がみられ、精神的な疲労感との結びつきが強い食材であることがうかがえる。

興味深い点として、この食材を好むグループの被験者たちは、仮に疲れを自覚しておらず、行動に意欲的であっても、潜在的な疲労感の解消のためにトマトを食べたくなる可能性がある事を示していた。

セルフイメージが低い人、あるいは低い時期には、自分を追い込むようになってしまう。そうやって自分を罰するわけだが、カルダモン同様にトマトはそういう人の精神に作用しやすいようだ。

自分を労ることへの許可は、セルフイメージが低い人にこそ、間違いなく必要だろう。

4. クローブ

セルフイメージが低かったり、自信が無い人に共通する特徴として、自分より優れていると感じる他人との比較を用いて、自分を攻撃するような性質が挙げられる。

食生心理においてクローブは、そういった比較をしてしまう習慣を緩和するとともに、自分を批判するための材料として優れた他人を利用するような傾向を緩和してくれる食材だとされている。

面白いことに、子ども時代に兄弟や友人と比較される機会が多かった被験者は、特にグローブを摂取した際のストレス軽減幅が、ほかの食材グループの被験者よりも大きかった。

これらを踏まえると、クローブは自分に対しての認識の修正、改善のために、多くの人に役立つかもしれない。

5. カイエンペッパー

実験においては、自分自身の内向的思考にコンプレックスを抱いている被験者ほど、カイエンペッパーを多用する傾向にあり、同時に摂取時のストレス軽減幅も大きかったようだ。

自信の無さ、セルフイメージの低さは、過剰に内向的な性格を作り出すきっかけになってしまう場合も多い。だが、内向的な気質を改めて自覚し、それを恥じるようになってしまうと、内向的であること自体が、さらに自信のなさとセルフイメージの低さを助長する。

鶏が先か、卵が先かというような話だが、こういった負のループとも言える状態からの脱出にカイエンペッパーが利用できるのなら、今回のテーマには欠かせない食材であるといえるだろう。

6. シナモン

食生心理においては、衝動的な感情を抑圧する人が、よりシナモンを好む傾向にあるとされている。

思わず笑ってしまいそうになること、怒って手が出そうになる、そういう衝動的な反応を過剰に押さえ込もうとした結果、感情そのものに蓋をしてしまっているような状態の人だ。

自己の感情の否定は、意思の表明を困難にするうえに、自己発信の意欲も奪ってしまう。

こうなると、当然セルフイメージも低下していってしまうため、シナモンは今回のテーマには適した食材であると言えるだろう。

7. ターメリック

ターメリックは、男性性の低下と、社会的な集団に対する帰属意識が薄れている状態で特に欲する可能性が高いという研究結果が出ている食材だ。

特に、上述したような状態が引き起こす、競争心の低下が見られる被験者であれば、さらに摂取時のストレス軽減が大きく見られたようだ。

一般的には、会社でひどい怒られ方をしたり、自分のミスがきっかけで解雇されてしまったり、あるいは恋人や伴侶に浮気をされたり、振られたり、ということがこの状態の原因になってしまう場合が多い。

食生心理においては、ターメリックの摂取によって、競争心の向上と、自尊心の回復が成されるという可能性があるとされている。

今回のテーマである、「自信」の喪失を修正する上では非常に重要な食材になるだろう。

8. コリアンダー

実験では、特に父親との関係に由来する自己評価の低下がみられた被験者に、より強く作用が見られた食材だ。

父親が支配的だったり、コントロール行動を多くとっていた場合に

「自分はどれだけやってもいい子にはなれない」
「自分は期待に応えられない人間だ」
「自分の考えは間違いだ」
「自分のことを信用してはいけない」

といった考えを持つようになってしまうパターンが、まさにコリアンダー嗜食層に当てはまる。実際に、面接やカウンセリングでこういった言動をとった被験者は、ほかの食材グループの被験者と比較して圧倒的に多かった。

過去の父親との関係が、こういった考えのキッカケになっていることに気づかず、自分を漠然とネガティブな人間だと思いこんでいるパターンも見られる。むしろ父親を恨んでいる、というような自覚症状をもつ者は少なく、どちらかというと、問題の解消を望む結果生まれるフラストレーションよりも、問題からの逃避欲求の方が強いことがわかった。

いずれにせよ、自己評価を正確に修正する為には、過去のトラウマは見過ごせない。テーマにはピッタリな食材だと言えるだろう。

9. ヨーグルト

ヨーグルトは、母親との関係（女性の場合は自分の子どもとの関係もあり得る）においての逃避欲求に関連している可能性が示された食材だ。いうなれば、コリアンダーの対照的食材。母親バージョンとでも言おうか。

この食品を好む被験者層は、母親との関係に関しての強いトラウマや、許せない気持ち、罪悪感を抱いている状態であるパターンが多く見られた。

そして、コリアンダー同様、その葛藤を解決する方向ではなく、問題から逃避しようという方向に意識が向いている傾向が見られた。

また、このグループの女性の被験者の場合、母親に対する葛藤はないが、自分の子どもに対しては上述したように感じている、とする者が多く見られた。

特にトラウマなどがなくとも、介護などで母親という存在自体に漠然と「疲れ」を感じている場合にも（女性の場合、子育てにおいて子供自体に漠然と疲れている場合も当てはまる）、その存在からのストレスと、逃避欲求を軽減するためにヨーグルトが効果的になる可能性が高いとされている。

どちらの親からの影響であっても、幼少期のトラウマはセルフイメージの低下のキッカケに成り得るため、コリアンダーと組み合わせるのが理想的だ。

10. クミン

女性性の低下を強く意識していたり、自分の男性的な性質をコンプレックスに感じている被験者ほど好む傾向にある食材だった。その為、基本的に女性により強い作用が見られたようだ。

また、セルフイメージの改善に意欲的な者が多く、美意識が高いなど、この食材を好むグループの被験者は、基本的に自己改善に意欲的な傾向がみられた。

だが、このグループの人々は、本人が自己改善に意欲的であるほど、失敗したときのストレスを大きく感じ、普段から理想的な状態と現状の間にギャップを感じやすい傾向にあることも分かった。

セルフイメージの向上を諦めさせないためにも、この食材は役立つだろう。

11. 玉ねぎ

食生心理の研究において、強い承認欲求をもちながら、現実に得られている承認に強いギャップを感じている場合に、特に玉ねぎを欲する傾向にあることがわかっている。

特にここでいう承認欲求は、社会的に理想とする自分の姿や、自分の能力という部分に関わっている場合が多く、自分に特別な能力や立場が欲しいと感じているが、それが手に入らないときに食べたくなる食材であるといっても良いだろう。

今までの食材は、過去のトラウマや、内的要因による自己評価の低さを修正するものが多かったが、これはむしろ外的要因によって低くなっていった自己評価を修正するために役立ちそうな食材だ。

12. にんにく

この食材については、抑うつ傾向に由来する認知能力の低下や、集中力の低下を示す者に特に強い作用を示すという結果が得られている。

この食材を好む被験者の中には、気分の落ち込みや悩み事が直接集中力の低下に繋がる傾向を示す者が非常に多く見られた。

また、コミュニケーションにおいても、会話や表現をしながらも、相手の反応に意識が向きすぎてしまう結果、コミュニケーション自体に集中できず、円滑な自己表現が出来ないという様子を示す者が多かった。

食生心理において、にんにくはこういった状態を修正して、自分の目的意識に沿った集中力の発揮と、そのベクトルの修正を手助けしてくれるとされている。

「意見の表現」という今回のテーマには重要な食材であるといえる。

13. ココナッツクリーム

ココナッツを好む被験者グループでは、過去に由来するあまりに大きなトラウマを、受け止めきれなかったために、記憶や感情の抑圧を行っている、という精神状態にあるものが非常に多いということが、実験中のカウンセリングやテストで明らかになっていった。

他にも、全体的にトラウマそのものからの逃避を試みるような傾向がみられた。

さらに、ココナッツ嗜食者はその多くが、一種の合理化の為に、記憶の再構成を行う傾向にあるとされている。つまり、過去に起きたストレスに満ちたある出来事を、何ということのないような普通の出来事と感じられるように、無意識に記憶を少しずつ書き換えるのだ。

そのためこのグループの被験者は、もともとトラウマを自覚していないものがほとんどで、カウンセリングを受け始めてからも、再認識に時間がかかるものが多かった。

特に、今回の食材であるココナッツクリームを多用する人は、幼少期に由来する自分の「存在価値」を疑うようなストレスから逃避している可能性が高いとされている。そのため、過去の体験に起因するセルフイメージの低下が、無自覚にも繰り返し行われている者が多いようだ。

コリアンダー、ヨーグルトに加えて、さらに強力なトラウマにもアプローチできる可能性がある食材として、ぜひココナッツクリームも使いたい。

②月曜日のレシピ

「ツナと野菜のテルダーラ」

「行動力が欲しい人へのレシピ」

テーマ①　行動力の向上

テーマ②　バイタリティの低下を引き起こすトラウマの解消

テーマ③　経済面やビジネスシーンにおける自己評価の修正

休日明けの月曜日からは、活動のきっかけが多い。

なら、ツナと野菜のテルダーラで、行動力を身につけたい。

さて、いったいどんな作用を持つのか、レシピとともに見ていこう。

材 料

ホワイトツナ缶	大きめ 1 缶
アスパラガス	5 本
じゃがいも	2 個
オリーブオイル	大さじ 1
マスタードシード	小さじ 1
カイエンペッパー	小さじ 1/2
塩	小さじ 1/2
クミン	小さじ 1/2
チリパウダー	小さじ 1/2
有塩バター	10 g
ブラックペッパー	適量

レシピ

1. じゃがいもは皮をむいて8等分して、ひたひたの水で茹でる。

2. アスパラガスは皮をむき、乱切りに。ツナ缶は油をしっかりと切る。

3. 鍋にオリーブオイルを強火で熱しマスタードシードを数粒だけいれ、弾け始めたら残りのマスタードシードも全て入れる。

4. マスタードシードの弾ける音がおさまってきたら、火を中火にして、アスパラガスを加え、炒める。

5. 1分ほど炒めたらツナ、カイエンペッパー、塩、チリパウダーを入れる。

6. さらに2分ほど炒めて、アスパラガスに火が通ったら、じゃがいも、バターを加え、バターがしっかり溶けるまで軽く混ぜながら炒める。

7. 最後にブラックペッパーをふり、軽く混ぜたら火を止め、完成。

食生心理でみる各食材の意味

材料の中でも特に重要な食材をピックアップしている。
注意深く、その作用を見ていこう。

1. ホワイトツナ

ツナ缶はマグロやカツオなど、原料が異なる場合があるため要注意。今回のレシピでは、かならずマグロが使われているものを使おう。

マグロは食生心理において、自分自身の行動力や、意欲の欠如にコンプレックスをもつ人により効果的な食材であるという可能性が示されている。

今回のテーマである行動力の向上に関しては、食生心理の研究の中では、あらゆる食材の中でも最も効果的と言えそうだ。

意欲をもちたいのに、腰が重い、恐怖心で一歩が踏み出せないといったストレスを抱える人に最適な食材であるといわれているため、バイタリティ低下の抑制にも一役買ってくれるだろう。

2. アスパラガス

アスパラガスは食生心理において、他人を過剰に信用してしまいやすい人が特に好むとされる面白い食材だ。

特に、他人に裏切られた、騙されたというような体験を実際にしている被験者については、アスパラガス摂食時のストレス軽減効果は、それ以外の被験者と比較すると平均して大きいという結果も観測されている。

このことから、他人を信用して後悔するような体験をしたことによるトラウマの解消にも役立つと考えられるわけだ。

バイタリティの欠如を引き起こすトラウマとして上位に上がるのが、このような「裏切り」の体験だ。

小さな例で言えば、子どもがお勉強でせっかくやる気を出したのに、親や先生から期待通りの反応（誉め言葉等）が得られなかった、というのもこういった背信トラウマにあたる。

もちろん対象は他人とも限らない。自分自身が思ったように活躍できなかったときにも、人は自己不信を感じるものだ。

アスパラガスが幅広くこういった背信トラウマを抑制してくれることは、バイタリティの維持において間違いなく重要だろう。

3. じゃがいも

じゃがいもの場合は、様々な原因による「精神的疲労感」を感じている人に、より適した食材であるという可能性が示されている。

簡単に言うと、「生きることに疲れた」ような感覚を抱くと特に食べたくなる食材だということになる。

ただ何となく今は生きていて疲れる、というような一時的な感覚をもった軽度なケースでも、抑うつ傾向が強い被験者のような重度なケースでも、同様にじゃがいもがストレスの軽減に効果があるとされている。

こういった漠然とした疲労感や抑うつ症状は、現代社会においてほとんどの人が、ストレスの大小の差こそあれ、抱えているもの。

そして、このようなストレスを抱えたままだと、中々新しい事に挑戦する余裕は、持てなくなってしまうものだ。

こうなると、結果的にバイタリティの低下が防げなくなってしまう。

じゃがいもでこのストレスが軽減されるのなら、人生に余裕が出てくるし、活力にもつながっていくだろう。

4. オリーブオイル

オリーブオイルを強く好む被験者は、特に自分の社会的評価、経済的な面についての評価が低く、劣等感を抱いている傾向にあった。

社会的な立ち位置や経済力に関しての理想が高いと見られる被験者であるほど、ストレス軽減効果は高くなることが示されている。

つまり、オリーブオイルは、社会的、経済的に理想の状態を実現できていない自分を無価値であると感じる人であるほど適した食材であると言えるだろう。

同様の要素をもつとされる食材には、玉ねぎ、牛肉、キャビアなどがあるが、この食材の特有の要素としては、この食材を好むグループには一般的な視点でみると社会的に評価され得るような地位にいる被験者も多かったという点があげられる。

彼らは、それでも、「まだ」足りない、という形で不足感を抱いており、自分に求めるハードルの高さがうかがえる。

これをふまえると、今回のテーマの一つである、経済面、ビジネスシーンにおける自己評価の修正に関しては、これ以上無いほどの食材であるということが分かる。

5. マスタードシード

マスタードシードは、保守的な傾向があり、特に習慣や環境の変化によって強いストレスを感じる傾向にある被験者に、より大きなストレス軽減効果を示している。

マスタードシードの使用を好む被験者たちの中には、変化自体に対する恐怖心に由来するストレスよりも、独自のルーティーンを崩す事に関してのストレスの方が強い、という被験者がより多く見られた。

何かの目的に向けての行動力の発揮に関しては、多くの場合において、自分の今までの習慣を部分的に放棄したり、変化させることが伴う。

もちろん、目的を達成して、新たな環境や物を獲得した後にも、生活の変化というのは起こり得るものだ。

いずれにしても、保守的でいたいという欲求が強過ぎたり、生活や環境の変化にストレスを感じる状態は、無意識にも行動力を減退させる原因になる。

マスタードシードによってここを予防できるなら、行動力の獲得には素晴らしい食材であると言えるだろう。

6. カイエンペッパー

食生心理では、自分の消極的な部分や、内向的な気質、ネガティブな思想に強くコンプレックスを抱いている人が、より好む食材がカイエンペッパーだとされている。

カイエンペッパーの使用を好む被験者を見てみると、実際にネガティブな思想が強い者よりも、ポジティブであることを自分自身に対して強迫的な姿勢で強要している者がより多く見られた。

行動力の発揮や、バイタリティの維持において、どんな目的に向き合っていたとしても、つまずいてしまうことは誰にでもあるものだ。

もちろん、そうした状況では、ネガティブな考えが頭を支配することもあるだろう。それも、人間であれば当然のことだ。

だが、そういった状況でネガティブな思想や、落ち込んでしまうこと自体に否定的な感覚を抱き過ぎると、「ネガティブになってしまうような出来事」「ネガティブな自分を目の当たりにしなければならないような出来事」を回避しようという意識が強くなりすぎる。

つまり、リスクや失敗を回避したいと言う欲求が強くなりすぎてしまうということであり、これは行動力や活力を減退させる心理的な要因になってしまう。

カイエンペッパーは意識を「前進すること」に集中させる上で役立つだろう。

7. クミン

クミンは自分の男性的な思想の強さへのコンプレックスや、自己改善が思い通りにいかない際のストレスの緩和に役立つという可能性が示されている、というのはスリランカカレーの項目で記した。

だが、この食材には大きな要素がもう一つある。今回はそこに注目しよう。

クミンは、様々な思想や、行動を「汚い」と感じるような、思想や社会規範に関して強迫的な考えをもっている傾向のある被験者に、より大きなストレス軽減の効果が示された食材だ。前述したように、クミンを多用する被験者は美意識が高い傾向にあるのだが、その理由もここにあるのかもしれない。厳密には「美しくありたい」よりも「醜くなりたくない」という欲求なのかもしれない。

面白いことに、強迫性障害であると診断されている、あるいは過去に診断されたという被験者の割合も、他の食材の被験者群より多くグループ内に見られた。

ビジネスに関する取り組みと思想のアンケートや、カウンセリングで、このグループの被験者に頻繁に見られた言動として、「お金を稼ぐことに執着するのは汚いことだ」「ビジネスに傾倒するのは人間として恥ずべきことだ」などというものがある。

経済面で、より豊かな自分を実現する上で、こういった考え方は大きなブロックになり得るものだ。ビジネスにいそしむ自分を正当に評価することもできなくなるだろう。クミンを利用しない手はない。

8. チリパウダー

チリパウダーは、食生心理において、自罰傾向が強いほど好まれる食材であるとされている。

特に興味深いのは、チリパウダーが使用された料理を定期的に摂取した、自傷癖のある被験者の一部において、その頻度が減ったという例が観測できたという点だ。

基本的に、チリパウダーを好むグループの自罰欲求の由来となっている要素は、セルフイメージの低さであると言うことも分かっている。そのため、今回の経済面やビジネスシーンにおける自己評価の修正というテーマにおいて、非常に役立つ食材となるだろう。

また、行動力を発揮した結果が思わしくなかった際に、その原因として自分自身を責めるような人にも適した食材であると言える。これによって失敗イメージのトラウマ化が防げるため、後の行動力やバイタリティの低下も予防できる可能性がある。

今回の三つのどのテーマにも適していると言える食材だ。

9. バター

バターは幼少期に評価されなかったことを要因として、その後の人生においても自分を評価できなくなっているような状態の人に、適した食材であるとされている。

特に、親子関係の診断カウンセリングにおいて、母親に承認されてこなかった、という印象をもつ被験者はよりバターを好む傾向にあった。また、これが由来して母親に対して強い葛藤を抱いている者は、バター摂食時のストレス軽減がより大きいということも分かっている。

チャイルドカウンセリングで言うところの「溺愛型」「過干渉型」家庭に育った子どもは、社会に出てからの行動力の発揮が困難になるというデータがあるが、実際に、バターの調査に参加した被験者の中でも、母親に愛されなかったという印象や、否定されて育ったというような感覚をもっている人の多くが、バイタリティの欠如や行動力の不足を自覚していた。

幼少期に由来する根本的な問題やストレスをバターで解消できれば、本来の行動力を発揮できるようになるかもしれない。

③火曜日のレシピ

「グリーンカレー」

「柔軟性と適応力を身につけたい人のレシピ」

テーマ①　完璧主義の解消

テーマ②　変化に寛容になる

テーマ③　頑固さの解消

ある人材派遣会社の調査では、火曜日は、職場での生産性がもっとも高まるというデータもある。だが同時に、定型業務以外の効率は、火曜日に最も落ちるというデータもあるのだ。

これではもったいない。

火曜日の集中力を、幅広い条件で使いこなせる柔軟性がほしいものだ。そこで、グリーンカレーはいかがだろうか。

さて、いったいどんな作用をもつのか、レシピとともに見ていこう。

材 料

種類の肉	300 g
ズッキーニ	大きめ 1 本
しめじ	1 パック
たけのこ	1/2 個
ししとう	10 本
赤パプリカ	1 個
サラダ油	大さじ 3
グリーンカレー用ペースト	1 パック
ココナッツミルク	400 ml
水	350 ml
ナンプラー	大さじ 3
砂糖	大さじ 1
ライムリーフ	2 枚

レシピ

1. 肉を食べやすい大きさに切る。ズッキーニは2cm 幅の輪切りにする。しめじは根元を落とし、ほぐす。タケノコは小さめの乱切りにする。ししとうはヘタを落とし縦半分に切る。赤パプリカは縦に、1cm ～2cm 程度の幅で切っていく。

2. 鍋にサラダ油を熱し、カレーペーストを加えて弱火でゆっくりと炒める。ペーストの香りが出てきたら鶏肉を加えて、ペーストを絡めるように中火で炒める。

3. 鶏肉の色がある程度変わったら、ココナッツミルク、水を加え、中火で煮る。

4. 鶏肉にしっかり火が通ったら、ズッキーニ、しめじ、タケノコを加え、そのまま中火で煮込む。

5. 野菜が柔らかくなったら、ししとう、赤パプリカを追加し、一緒にナンプラー、砂糖、ライムリーフを加える。そのまま3分から5分煮込んだら完成。

食生心理でみる各食材の意味

材料の中でも特に重要な食材をピックアップしている。
注意深く、その作用を見ていこう。

1. 好きな種類の肉

レシピ上ではサンプルとして鶏肉を利用しているが、今回のテーマにおいては、この料理を作る度に、毎回違う種類の肉を利用した方が良い。

ほとんどの肉類を欲する理由は、自分の人生における様々な不満、フラストレーションの原因を、自分自身の特定の能力の不足に結びつけるという考え方に由来する。

もちろん例外として全く違う意味をもつ肉類もあるが、基本的には食生心理において肉類は、こういった特定の能力に対する不足感や不満を解消するために作用をもたらす可能性が高いとされているものばかりだ。

あらゆる問題の原因を、毎回同じ原因と結びつけてしまう癖は、ある種のこだわりに他ならない。しかもこのこだわりは、自己改善を図りづらくする上に、問題の本質の探索も困難にしてしまう。

頑固さの解消の最初のステップとしては、あらゆる問題とその原因の追求の際の、「クセ」とも呼べるこの考え方を、緩和した方が良いだろう。

だが、自分のどの能力の不足の問題の原因にしてしまう「クセ」をもつかは、人によって異なるため、ぜひここでは様々な種類の肉を使って、色々な条件に対応できるようにして欲しい。

ちなみに鶏肉であれば自分の社交能力や、対人関係における能力に関する不足感を、さまざまな不満や、上手くいかない状況とその原因に結びつけてしまうことが「クセ」である、と言えるだろう。

2. ズッキーニ

この食材を好む被験者の多くは共通して、感情的な反応が極端に強い傾向にあるそうだ。

攻撃性を伴う怒りや、不安定さを示す場合もあるが、全体に共通して見られた特徴としては、イレギュラーな環境にいる際や、予測していない状況に陥ったときに、特にパニックに陥りやすいという点があげられる。

興味深いことに、一部の被験者たちはカウンセリングにおいて、ズッキーニを長期間、継続的に摂取していく中で、物事に冷静な反応ができる機会が増えたという回答をしている。

基本的に、こうした状況の変化が引き起こすパニックについては、変化そのものに対する恐怖心や、適応能力の不足が由来してパニックに陥ってしまうパターンが多いと考えられる。

そのため、今回のテーマのように、変化に対する寛容な考えをもつという目的のためには、理想的な食材かも知れない。

3. しめじ

キノコ類は、基本的に自分を過小評価する傾向が強い被験者に特に好まれた。

食生心理においては、実際に社会における自分の重要性を感じられなかったり、あらゆる意味で自分の存在を矮小に捉えてしまう人に適した食材であるとされている。

特に、こういうタイプの人ほど自分の不完全さに注目しやすく、完璧主義な気質をもちやすい。

自分自身に対する寛容さや、自己評価の改善のためにはもちろんのこと、自分自身に向けられる「完璧な課題」の緩和に効果的であるため、今回のテーマに適していると言えるだろう。

4. ししとう

ししとうを特に好むグループには、自身の消極性や自身が抱く逃避欲求に対して、嫌悪感を示す被験者が多く見られた。カイエンペッパーとも非常に似た要素であることが伺える。

だが、特にこのグループに特徴的だったのは、このような気質に由来した、強い責任感を示す傾向にあったという点だ。さらに、自分に責任が無いようなことも自分のせいにして自罰意識を高めてしまうような、過剰な自己関連付けによる自責がよくみられた。

また、そんな過剰な責任感に由来すると考えられる、心配性、強迫的傾向もよくみられた。

完璧に責任を果たすことに縛られてしまう人は、少しでもリラックスすることや、他人に頼ることを、無意識にもルール違反のように感じてしまう。手を抜くことも中々できない。

そんな、遂行すべき責任や役割に対する、完璧主義な思考と、そこからもたらされるストレスに対して、理想的な食材がししとうだとされている。

5. パプリカ

パプリカはズッキーニに非常に近い食材だ。

特にパプリカを好む被験者グループは、他の被験者グループと比較すると、アクションスリップ(いわゆるうっかりミス)が非常に多いことが分かっている。

同時に興味深いのは、このグループのかなりの被験者が、自己分析においては、自分はミスをすることは少ない方である、と考えていたという点だ。

だが、こういった考えが、そもそもアクションスリップの一つの原因と考えられている。

自分は間違えない、という前提があるために余計に自分が取ろうとする行動に意識を集中させなくなってしまい、結果としてミスを犯しやすくなると考えられている。

食生心理において、パプリカはこういった考え方を緩和し、自分がとろうとする行動への関心と、集中力を増加させるとともに、無意識の中にある自信過剰な側面を修正してくれる可能性があるとされている。

つまり、パプリカは自分の行動に関しての「間違えるわけがない」いうようなプライドや頑固さの解消につながる食材だ。

今回のテーマにおいても、もっとも重要な食材の一つであると言える。

6. タケノコ

タケノコを好むグループには、決められた枠やルールを崩したくない、という思想を強くもつ被験者が多くみられた。

ルールに守られることで、他人に怯えたり、発信を怖がらずに済むような、環境の中で自然な自分で居ようとする、いわゆる「心理的安全性」を求める傾向が強いわけだ。

レモンのような、あらゆるルールからの解放によって自然な自分を実現したい、と感じる被験者とは対照的な性質であるといえる。

自由な環境や指標がないような状態での活動には極端に混乱したり、恐れを抱く様子をみせる者が多かった。また、ルールを破ろうとする他者に過剰に厳しかったりと、この気質に由来するストレスは少なくないようだ。

食生心理において、タケノコはこういったストレスを軽減し、ルールや規則に対する極端な思想も緩和してくれる可能性があるとされている。

「ルールを完璧に守ろうとする気質」
「ルールを変えたくないという考え」
「ルールが絶対であるという頑固さ」

いずれも今回の３つのテーマに結びつくため、最適な食材の一つであるといえるだろう。

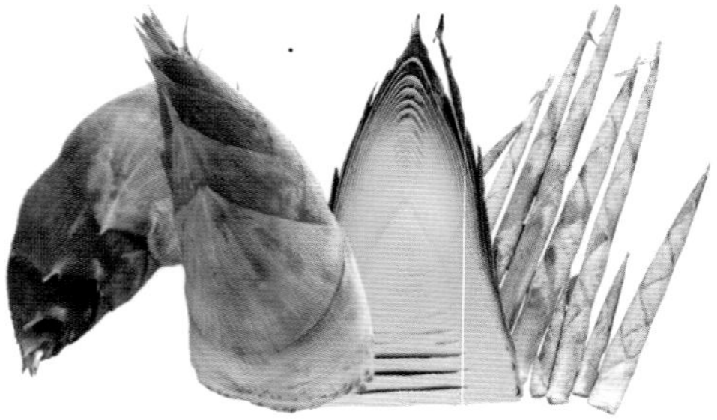

7. ナンプラー

この食材を多用する被験者たちに共通してみられた性質としては、他者をコントロールしようとする欲求が比較的強いという点があげられる。

ここで見られたコントロール行為というものには、例えば、子育てにおいて見られる脅し行為などがあげられる。

これは、「悪い事ばかりするとオバケが来るよ」「ワガママばかり言うと置いていくから」などと言って子供の行動を恐怖心でコントロールしようとする行動だ。

他にも、罪悪感の刺激行為などがみられた。これは、「あなたのためにこれだけ頑張ったのに何もしてくれないの？」というような言動で相手の罪悪感を刺激して、行動をコントロールする行為だ。

相手を思うようにコントロールしようとする背景には、自信のなさや他人への恐怖心など様々な要素があるが、いずれにせよ自分の想像する枠組みの中で他者を動かそうとする、常に保守的で頑固なコミュニケーションの形態とも言える。

食生心理において、ナンプラーはこういった過剰なコントロール欲求を軽減してくれるとされている。また、コントロールできない状況に対するストレスも軽減してくれるとされている。

これらを踏まえると、特にコミュニケーションにおける頑固さや完璧主義の解消に、非常に役立つ食材だと言えるだろう。

8. ライムリーフ

この食材を多用する被験者の多くに共通して見られた点としては、ショッキングな出来事に対して、激しい興奮や怒りを示すという点が挙げられる。

また、特にこのグループには、神経症と診断できるような症状をもったものやそれに近い症状をもったものが他のグループよりも多く見られた。

カウンセリングや面接においては、起こった出来事に関して抱く感情的葛藤が非常に強いという傾向を示しており、食生心理においてはライムの摂取によってこういった葛藤が軽減できる可能性が示されている。

さらに、この感情的葛藤の背景にあるものとして、理想的な環境像を描き過ぎてしまうという点が挙げられる。

分かりやすく、恋愛などを例に言ってしまえば、高望みをしすぎてしまうタイプだといえる。

ここにも結局は、自分の完璧な状態というものを追い求めすぎているある種の完璧主義であり、そのイメージに沿わない変化は受け入れられないという頑固さが潜んでいる。

全体のテーマに対して役立つ食材であるといえるだろう。

④水曜日のレシピ

「ヤンムーサムチェン」

（豚しゃぶのピーナッツソース）

「あらゆる面で自分を魅力的だと思えるようになるレシピ」

テーマ①　自分の容姿に関する劣等感の解消

テーマ②　自己愛の増加

テーマ③　自分自身の存在と人生に対する承認

実は水曜日はもっとも精神的に落ち込みやすい曜日だともいわれている。忙しさがひと段落して、意識が仕事以外に向き始めるとともに、週の真ん中で、疲労が出始める時期でもあるため、悲観的な考えを抱きやすいのだそうだ。鬱病の悪化、顕在化もこの曜日に起こりやすいという説もあるほどだ。
こういう日にこそ、ヤンムーサムチェンのような料理で
自分を好きになりたい。

さて、いったいどんな作用をもつのか、

レシピとともに見ていこう。

材料

豚バラ肉	150 g
ブロッコリー	1/4 個
カリフラワー	1/4 個
八角	1 個

ココナッツミルク	150 ml
ピーナッツクリーム	大さじ 2
しょうゆ	大さじ 3
塩	大さじ 1
みりん	大さじ 1
砂糖	小さじ 2
お酢	小さじ 1

レシピ

1. ボウルにココナッツミルク、ピーナッツクリーム、しょうゆ、みりん、塩、砂糖、お酢を入れて、泡立て器で砂糖が溶けるまでよく混ぜる。混ざったら、鍋で弱火にかけてひと煮立ちさせる。ピーナッツソースはこれで完成。

2. 豚バラ肉を8cm 程度の長さに切ったら、鍋にお湯を沸騰させ、八角を入れる。そのまま中火で 1 分ほど八角だけを茹でる。

3. いったん火を止めて豚肉を加え、再び中火で、肉の色が変わるまでほぐしながら茹でる。肉の色が変わったらすぐにザルに上げて、お湯を切る。

4. ブロッコリー、カリフラワーを小房にわけ、熱湯でそれぞれ茹でる。火が通ったら、ザルに上げてお湯を切る。

5. 器に盛った豚肉とブロッコリー、カリフラワーに、ピーナッツソースをかけて完成。

食生心理でみる各食材の意味

材料の中でも特に重要な食材をピックアップしている。
注意深く、その作用を見ていこう。

1. 豚バラ肉

豚肉もその部位によって様々な要素をもつ食材だ。だが、豚バラ肉を好む被験者たちの中には、身体醜形、容姿に関しての劣等感や恥ずかしいという感覚をもっているという者が非常に多かった。

さらに、その羞恥心や劣等感の強度が強いと診断された者ほど、豚バラ肉摂食時のストレス軽減作用が大きく見られる傾向にあった。

彼らには、極度に低い自己価値観に関連して、自分の身体や美醜に極度にこだわる様子が見られている。実際よりも低い、自己の身体的なイメージが原因だと考えられるが、このような被害妄想に近い自己否定は、このグループ全体に見られる特徴でもあった。

実際に継続的な豚バラ肉の摂取によって、容姿に対するコンプレックスが緩和されたという被験者もいたが、被害妄想的な自己否定が軽減されたという被験者の方がより多く見られた。

ルックスに関する要素でいうのなら素晴らしい食材であるとされているし、根拠のない自己否定を解消することは自己承認に欠かせないため、今回のテーマには全体的に適しているといえるだろう。

2. ブロッコリー

ブロッコリーを好む被験者を見てみると、漠然と気力が湧かないとき、何となく意欲的になれないような精神状態にあるときに、最もブロッコリーの摂取でストレスが軽減される様子を示していた。

これは、食生心理においては、小麦や白米などにも共通する要素だ。

特にこのグループの大部分に共通していた特徴は、自己否定をすることが、行動の原動力となっているという点だ。「私はダメだから頑張る」「できてないからもっとやる」というような考えがモチベーションに直結している傾向を示した。

一見すると悪いことでは無いようにも見えるが、このブロッコリー嗜食グループの多くの被験者に関しては、この自己否定が、向上心や競争心のようなポジティブな感覚の上で引き起こされているわけではないという傾向にあった。

どちらかと言うと、焦りや、恐怖症を伴う、自分自身に追い詰められてしまうような感覚である場合に由来する場合がほとんどであった。こうなると、一度湧き上がった行動力を、うまく扱えなかった場合や、結果に結び付けられなかった場合に、自己否定とそのストレスは危険なまでに肥大してしまう可能性がある。

特に、こうして自己否定をツールとして身に付けてしまっている場合は、それを手放すことは通常より困難であると考えられる。

食生心理において、ブロッコリーはこういったリスクを回避させてくれる可能性があるとされているため、今回のテーマに適しているだろう。

3. カリフラワー

カリフラワーも、ブロッコリー同様に漠然とした意欲の欠如に関連する食材であるという特徴をもつ。

特徴的なのは、この食材を好む被験者たちは、特に自分の過去を恥じる傾向にあったという点だ。

基本的に過去と現在の比較というものは、適切な使い方をすれば決して悪いものではないと考えられている。

過去の自分が恥ずかしいという感覚は、現在の自分から見ると、過去の自分がまだまだ未熟だったという事実に由来するものであり、そういった部分を踏まえて、自己の成長を実感するためにも利用できる。

だが、カリフラワー嗜食グループの被験者の多くは、過去の失敗に縛られて、現在の自分を評価できなかったり、信じることができなくなってしまうような反応を示した。

むしろ自分がうまく物事を進められないことを証明する道具として、過去の恥ずかしい体験を利用しているともいえる。

未熟だった自分を、自己否定のツールにしてしまっているわけだ。こういう部分は広くとらえれば、ブロッコリーともよく似た要素だといえる。

ブロッコリーと組み合わせることで、現在においても過去においても、自己否定を手放すことにつながるかもしれない。

4. 八角

八角を多用する被験者たちに共通していたのは、自分に課すハードルが極めて高い傾向にあるという点だ。

作業テストの観察実験でも、それが高い難易度のテストであることを前提とした上でもなお、失敗した際に「こんなこともできないなんて」というような強い自己否定的な言動をとるものが、他の被験者グループと比較して非常に多かった。

この背景には、完璧主義的な気質もうかがえる。

興味深い点としては、こういった高すぎるハードルを課すタイプの人は、他者にも同様に厳しかったりすることがほとんどなのだが、八角を好むグループの被験者に関しては、そのような傾向が見られなかった。

むしろ、他人に対してはあきらめに近いような感覚をもっている者の方が多く見られた。

食生心理においては、八角の摂取によって、自分に対する高すぎる期待の度合いを軽減したり、自分の些細な努力や成長を承認できるようになっていくという可能性があるとされている。

今回の３つのテーマを実現するためにぜひ取り入れたい食材だ。

5. ピーナッツ（ピーナッツクリーム）

この食材はかなり特徴的な要素を持っている可能性を示した。というのも、ピーナッツを好む被験者の大部分が、自分のルーツや、家庭環境などについて、劣等コンプレックスをもっていたのだ。

内容としては、人種的なコンプレックスもあれば、自分の家庭環境の経済面に関しての劣等感や、自分の容姿に関する劣等感など様々であった。共通している点は、自分の人生における様々な失敗や困難の原因を、こういった「出自」に結びつけるような傾向があるという点だ。

そこに由来してか、彼らは基本的に、自分の親や一族に対する顕在的、あるいは潜在的な怒りを抱えていることが多いということが、カウンセリングによって明らかになった。

ちなみに割合としては、母親に対して怒りを抱えているという者がかなり多かった。そのため母親との葛藤や問題を抱えている人に適した食材であるともいわれている。

実際にこのような考えをもっているということを、最初から自覚している被験者は少なかったため、自らの力では変えようのない要素に対して、無意識にコンプレックスを抱き続けている状態にあるとも言える。

もしも、この状態のままであれば、現在の自分がどれだけ良い結果を出そうとも、潜在的な自己否定は拭えない。この部分を解消するためにピーナッツを利用するのは、今回のテーマにおいて重要かもしれない。

6. ココナッツミルク

ココナッツミルクを多用する人は、幼少期に由来する自分の「存在価値」を疑うようなストレスから逃避している可能性が高いとされている。

ココナッツ嗜食者はその多くが、合理化のために記憶の再構成を行う傾向にあるとされている。

つまり、過去に起きたストレスに満ちたある出来事を、普通の出来事と感じられるように、無意識に記憶を少しずつ書き換えるのだ。

こういった再構成は、自分の心を守るための防衛の１つとして行われることなのだが、結局は抑圧のパターンの１つに過ぎない。

表面的には楽になるかもしれないが、心の奥底にはしっかりとそのトラウマが残っている。

何がトリガーになったのかわからないようなうつ病の原因として、こうした抑圧して自分でも自覚できなくなっているようなトラウマがある、とする説もある。それほどリスキーな防衛手段なのだ。

問題解決がなされることはない為、自分でも気づけない「存在の否定」が、いつの間にか心に根を張ってしまう。

今回のテーマはまさに自分の「存在価値」であるため、ココナッツミルクを摂取することは、食生心理を背景にして考えることを是非おすすめしたい。

番外編デザート

番外編①「地瓜球」

「愛情が欲しい人のための デザート」

テーマ①　愛情を欲する中での不満の解消

テーマ②　愛されている実感

さて、一週間も半分に差し掛かったところで、番外編としてデザートはいかがだろうか。

この地爪球は、今までの料理と比べると非常にシンプルだが、あらゆる人間の最もシンプルな欲求である「愛」とも結びつく、重要なレシピだ。

さて、いったいどんな作用をもつのか、レシピとともに見ていこう。

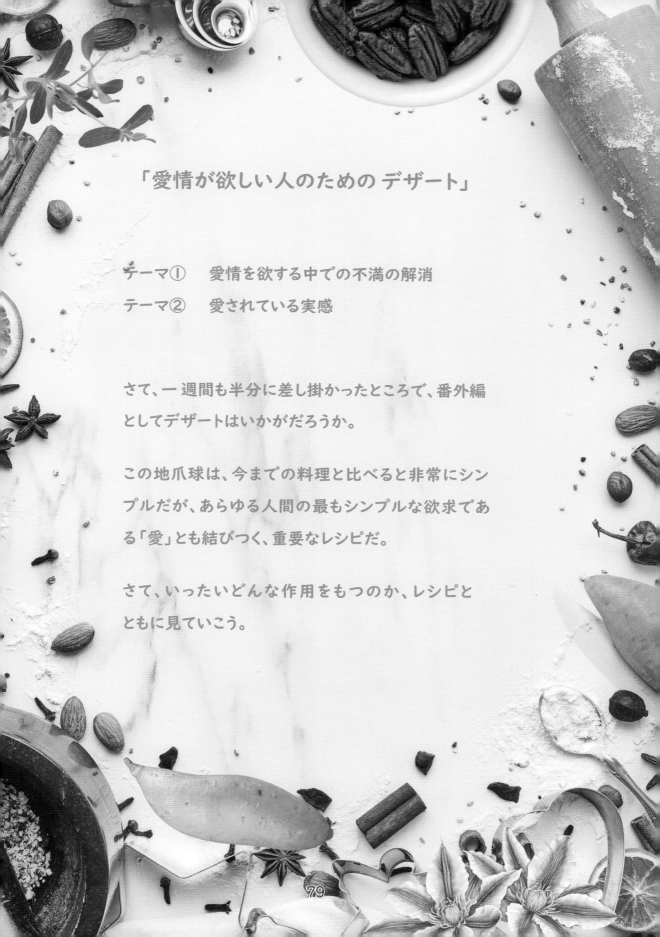

材料

さつまいも	200 g
グラニュー糖	50 g
片栗粉	60 g
サラダ油	適量

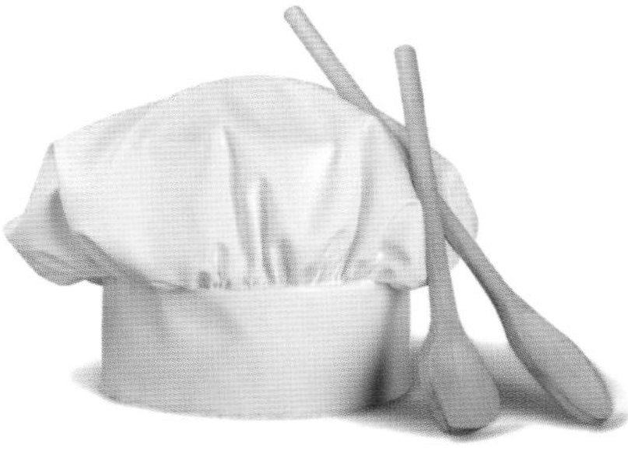

レシピ

1. 皮を剥き、茹でたさつまいもをボウルに入れ、ペースト状になるまで潰す。

2. 潰したさつまいもに、片栗粉、グラニュー糖を加えて、粉っぽさがなくなるまで混ぜる。混ぜ終わったら、20 等分して団子状に丸める。

3. サラダ油を 170°に熱し、表面がきつね色になるまで揚げたら、フライ返しなどでボールを押し潰し、ある程度空気を抜く。

4. 潰したボールの形が丸く戻ったら、油を切って完成。

食生心理でみる各食材の意味

材料の中でも特に重要な食材をピックアップしている。
注意深く、その作用を見ていこう。

さつまいも

さつまいもを好む被験者には、特に強い愛情を受ける事への渇望を抱えているという傾向がみられた。

このグループの中でも、抑鬱傾向やそれに近い状態を示す被験者たちの多くが、自分の価値を実感できないその原因を、「自分が誰にも愛されていないこと」「自分が誰にも愛される価値のない人間であること」だと考えていると話した。

実際にさつまいもの長期にわたる継続摂取においては、孤独感の軽減などを体験したとする被験者もいる。

何より興味深かったのは、失恋をしたばかりであったり、恋愛にコンプレックスがあったり、幼少期に両親の離婚を経験している、という被験者たちの方が、さつまいも摂取時のストレス軽減幅が大きくなりやすいという結果が見られたことだ。

他にも様々な実験を通してわかったことは、さつまいもはいくつかある愛情に関連する要素をもった食材の中でも、かなり作用が強い食材である可能性が高いということだ。

特に揚げ物のような、油との組み合わせにおいては、よりその効果は高くなるとされている。

今回の地爪球は、ほとんど単体の食材でのデザートだが、愛情という、現代人なら誰にとっても必要不可欠な要素を補う料理として、それだけ意味があるものなのだ。

⑤木曜日のレシピ

「アジアンガーリックシュリンプ」

「対人関係を円滑にしたい人へのレシピ」

テーマ①　対人関係について、変化や発展に意欲をもてる

テーマ②　対人関係におけるストレスや苦手意識の解消

テーマ③　セルフイメージを改善し、他人に対しての劣等感を解消する

ある調査では、人々がパーティーを催したり、友人と食事に行ったり、恋人とデートに出かけたりする割合が最も多いのは、休日前の金曜日を除けば木曜日が一番多いそうだ。

であれば、このタイミングで対人関係に関する食材の宝庫である、アジアン ガーリック シュリンプをとることがおすすめだ。

さて、いったいどんな作用をもつのか、レシピとともに見ていこう。

材料

エビ	8尾
にんにく	1片
ココナッツオイル	大さじ2
チリパウダー	大さじ1
ターメリック	大さじ1/2
バター	10g
白ワイン	大さじ1
しょうゆ	小さじ1
塩	小さじ1/4
レモン（くし形に切った物）	1個
パセリ	適量

レシピ

1. エビは足を取り、殻を剥き、背中から深くはさみを入れて背ワタを取り、そのまま背開きにして平たくつぶす。

2. 皮をむいたにんにくをみじん切りにしたら、フライパンにココナッツオイル、チリパウダー、ターメリック、バターと一緒に入れてとろ火で７分～１０分ほど熱する。

3. エビの水気をしっかり拭き取ったらフライパンに加えて、強火で炒める。

4. すぐに白ワインを加え、アルコール分を飛ばすように炒める。

5. アルコールが飛んだらしょうゆを回しかけ、パセリ、塩を混ぜる。

6. 皿に盛ってレモンを添えたら完成。

食生心理でみる各食材の意味

材料の中でも特に重要な食材をピックアップしている。
注意深く、その作用を見ていこう。

1. パセリ

他人に対する関心の強度が弱い被験者であるほど好む傾向をみせたのが、パセリだ。実際にこの食材を多用する者の多くに、自分の興味があることにしか関心を向けないような特徴がみられた。

関心の事物についての複数のアンケートにおいても、回答の中に周囲の他の人間にまつわる事物が含まれないという被験者が、このグループでは他の食材グループと比較して顕著に多かった。

一方でパセリを嫌う、もしくは好まないグループでは、人の目を気にしすぎるような傾向が全体に見られたので、見事に対照的で興味深い。

また、パセリを好むグループでは、人の顔や名前、誕生日等といった他人の情報を覚えることも苦手であるとする被験者が多かった。

この他者への無関心についての自覚の有無は被験者によって異なっていたが、共通していたことは、他人に対して関心をもたなければならないシチュエーション（例えば、取引先の人の顔や名前を覚えなければならないといった状況など）に、多大なストレスを感じてしまうという点だ。

食生心理において、パセリはこういったストレスを緩和してくれる可能性があるとされている。また、継続的な摂取の後、他者への関心の増加を示した例も複数みられているため、今回のテーマとは良くマッチした食材だといえるだろう。

2. エビ＆にんにく

エビを好むグループには、あらゆる物事において前進する事に恐れを抱きやすい被験者が多いという傾向が見られた。

特に保守的な傾向を示す者が多く、前進しなければならないような状況に強く不安を抱く者が多かった。

マグロ同様、食生心理においてエビは、行動力や意欲の向上に役立つ可能性があるとされている食材だ。

特に人間関係に関する消極性や、発言や発信についての恐怖心の緩和については、エビの方が効果的であるとされている。

今回のいずれのテーマにも作用し得る、コミュニケーションや人間関係に関連する行動力の底上げになるかもしれない食材だ。

さらに、エビと組み合わせた際のにんにくは、本来のにんにくと少し異なる作用を見せる可能性があるということがわかっている。

それは、プライドが傷つけられることに対する恐怖心の緩和だ。さらに、プライドを守ろうとするためにとる、様々なストレスが生じ得るような行動を抑制する。

また、面白いことに、このエビとにんにくの組み合わせを長期間摂取することによって、単独行動を取ろうとする頻度が少なくなった、という被験者もいる。

これは、そもそも単独行動を好む背景にあるのが、プライドを守るために、他人から口出しされたくないという考えであるということが原因である可能性が高い。

以上のことを踏まえても、エビ単体の効果はもちろんのこと、にんにくとの組み合わせによってさらに今回のテーマに適した食材になるといえるだろう。

3. レモン

自分のポリシーやこだわり、あるいは世間や自分の中のルールなどに強迫的なストレスを抱いているという被験者が、レモン嗜好グループには非常に多く見られた。

レモンを好む者は、食生心理において、自分自身が課したルールにも、他者に課されたルールと同様に窮屈さを感じるという特徴的な性質をもつ。つまり、自分自身からも他者からも自由でいたいというような潜在的な欲求を抱えていると言い換えることもできるだろう。

しかし人間関係は一般的に、異なる価値観をもつ者同士が、主張や協調によって、少しずつその価値観をすり合わせることによって良いものになっていく。つまり、交友、恋愛、あらゆるシーンで良い人間関係を築くためには、お互いのルールをよく理解していることが前提となる。

自分自身のルールから目をそむけていれば、気づくと相手に協調するだけになってしまい、いずれ苦痛を感じ始める。反対に相手のルールから目を背けていると、独りよがりで身勝手な人物であるとみなされて人々は離れていく。

食生心理においては、こういった状態を防ぐためにも、レモンは有効であるという可能性が示されているため、今回のテーマにおいても重要な食材であるといえる。

4. ナンプラー

この食材を多用する被験者たちに共通してみられた性質としては、他者をコントロールしようとする欲求が比較的強いという点があげられる。

このコントロール欲求が他人に対する恐怖心に由来していると考えられる被験者も多く、さらにこういったコントロール行動をとる背景としては、自信の欠如とセルフイメージの低さが見受けられた。

つまり、そのままの自分の話は聞き入れてもらえそうにない、と感じているから、シンプルな対話や要求以外の、相手をコントロールするようなコミュニケーションの手段を選択してしまう状態だ。

適切なコミュニケーションを選択できるようになるためにも、効果的な食材であるとするナンプラーは、ぜひ取り入れたい。

5. ココナッツオイル

ココナッツをこのグループに関しては、トラウマを、自らがトラウマとして認識しないために、記憶の抑圧を無意識に行っている様子が見られたり、その事実から目をそむけようとしているような状態の被験者が多く見られる。

ココナッツオイルを好む被験者に、特に共通してみられた特徴は、短期的で強いストレスによるトラウマよりも、繰り返された失敗の記憶によって蓄積された苦手意識など、長期間にわたって肥大していったストレスによるトラウマからの逃避欲求だ。

コミュニケーションを苦手とする人のほとんどが、生まれながらにしてコミュニケーションが苦手だったわけではない。

積み重ねられた失敗の体験や自己発信への後悔が、恐怖心を煽る記憶となって、コミュニケーションへの苦手意識を生み出している。

だが、こういう人の多くが、その苦手意識を作り出した記憶から目を背け、自分は性質として人見知りなのである、人が苦手なのである、というような捉え方をしてしまっている。

しかし、この状態では、いつまでたっても苦手意識が取れない。苦手意識克服のためには、それぞれの記憶をあくまで体験の１つであると割り切って、次に起こり得る出来事と過去の失敗を切り離して考えなければならない。

そしてこのためには、過去のコミュニケーションにおける失敗を体験として向き合う必要がある。

食生心理において、それをさせてくれるのがココナッツオイルだ。コミュニケーションの苦手意識の中でも、根本の要因に作用する重要な食材になるだろう。

6. 白ワイン

厳密には白ワインは食材ではなく、白ブドウとアルコールの要素を兼ね備えた料理である、と食生心理では考える。

そのため白ブドウがもつ、「コミュニケーションによるストレスや緊張の緩和」という性質と、発酵を伴うアルコール飲料の多くに共通する要素である、「羞恥心に由来する逃避欲求の解消」、これを組み合わせて考えることになる。

つまり、コミュニケーションにおけるストレスや、緊張の緩和に加えて、人前での発言等によって恥をかいてしまう恐れからコミュニケーションを避けようとする行動の抑制につながる。コミュニケーションに対する恐怖心を抑え、コミュニケーションに意欲をもたらす、素晴らしい食材だ。

7. バター

バターは幼少期に評価されなかったことを要因として、自分を評価できなくなっている状態の人に適した食材であるとされている。

そのため幼少期に由来するコミュニケーションの失敗の体験や、他人に対する恐怖心やトラウマが、現在の対人関係に影響及ぼしている場合に、非常に役立つとされている。

特に母親の問題を抱えている被験者がバターを多用する傾向を見せたが、過干渉型の母親をもつ子は、一般的に大人になってからの対人関係の苦手意識をもちやすいというデータもある。

バターは、コミュニケーションについては幼少期に由来する部分に作用する貴重な食材であるといえるかもしれない。

8. チリパウダー

チリパウダーは、食生心理において、自罰傾向が強いほど好んで摂取される食材だとされている。

基本的に自罰傾向の由来となっているのが、セルフイメージの低さであるということが分かっている。

ナンプラーの項目でも書いたように、セルフイメージの低さは、結果的に間違ったコミュニケーションの選択をさせてしまう場合が多い。

さらに、コミュニケーションに苦手意識をもつ人は、自己発信をうまくできなかった際に、特に自己嫌悪に落ち入りやすい傾向にある。

食生心理の研究においては、チリパウダーの摂取によって自罰傾向の軽減、セルフイメージの改善や、被験者によっては自傷行為の減少が見られているため、今回のテーマにもマッチした食材であるといえるだろう。

9. ターメリック

男性性の低下と、社会的な集団に対する帰属意識が薄れている状態で、特に欲する可能性が高いという研究結果が出ている食材だ。

会社でひどい怒られ方をしたり、解雇されたり、あるいは恋人や伴侶に振られたり、ということがその原因になる場合が多いとされている。

こういった特定のストレスフルな体験をすると、恋愛はもちろん、他人との関わり合いが必要な職場に行くことを避けようとしたり、極端な場合は引きこもりになってしまう可能性もある。

ターメリックは食生心理において、このような「体験」に由来するコミュニケーションの回避傾向を改善するために良い食材であるといえる。

⑥金曜日のレシピ

「オクラのテルダーラ」

「決断力とリーダーシップを身につけたい人へのレシピ」

テーマ① 決断力の強化

テーマ② 責任感を背負いすぎない

テーマ③ 逆境に立ち向かう

リーダーシップと決断力が強い人間ほど、過ごした休日の満足度が高いというデータがある。それは、休日を迎える前に、やりたいことに向けて、周囲の友人や自分自身を扇動することができるからだそうだ。たしかに、休日に何かをしたいと思っていても、腰が重かったり、人を誘いづらいということはあるものだ。自分に対するリーダーシップで、計画を遂行させる強制力を、他人に対するリーダーシップで、計画に巻き込む力を、それぞれ持っていれば、最高の休日に備えることができるのではないだろうか。

だとするなら、金曜日にオススメの料理はオクラのテルダーラだ。さて、いったいどんな作用をもつのか、レシピとともに見ていこう。

材料

オクラ	15 本
玉ねぎ	1/2 個
トマト	1/2 個
ししとう	2 本
ココナッツオイル	大さじ 2
チリパウダー	大さじ 1/2
かつおぶし	大さじ 1
塩	小さじ 2/3
レモン汁	小さじ 1

レシピ

1. オクラはへたを落として、2cm 間隔で縦に切っていく。玉ねぎを3mm 幅の薄切りにして、さらに長さを半分に切る。トマトは1cm ～2cm 角に切る。ししとうは小口切りにして種ごと利用する。

2. 油を引かずに熱したフライパンにオクラを入れて、ざっくりと火を通す。一旦オクラを取り出し、フライパンにココナッツオイルを中火で熱する。そこに玉ねぎ、ししとうを入れ、玉ねぎが色づくまで炒める。

3. さらにトマトとチリパウダーを入れ強火で1分炒めたら、オクラをフライパンに戻す。

4. かつおぶし、塩、レモン汁を加えて軽く混ぜながら炒めたら完成。

食生心理でみる各食材の意味

材料の中でも特に重要な食材をピックアップしている。
注意深く、その作用を見ていこう。

1. オクラ

この食材は、被験者の中でも、特に自己分析において優柔不断であるとの評価を下しやすい者に、より好まれるという傾向を見せた。

該当する被験者の実際の行動を観察すると、意思決定に苦手意識を示したり、決定の先延ばしを行ったりと、強い迷いを見せることがより多くみられた。

面接調査やカウンセリングにおいても、自分の決断力に自信がないと話す者や、決断力が欲しいと話す者がほとんどであり、このような自覚症状のある被験者は、よりオクラ摂取時のストレス軽減の幅が大きいという傾向を示した。

今回のテーマである決断力の強化について、決断力に関連する苦手意識に由来するストレスを軽減するとされるオクラは、効果的な食材であるといえるだろう。

2. トマト

トマトは自分をいたわれない、休みがとれないという層で効果がみられる。精神的な疲れが由来となる継続的なストレスの感覚を緩和する可能性が示されてる。

良いリーダーであることを志す上で、過剰に責任を背負いすぎてしまったり、人に頼ることに抵抗感を感じ、自分で何でもこなそうとしてしまった結果、自分を追い詰めてしまったり、限界を感じてしまうということは、珍しくない。

トマトは、こういったリーダー特有ともいえる、自己の追い込み行為を緩和させてくれる優秀な食材だ。

3. 玉ねぎ

「満たされない承認欲求」というテーマをもつ玉ねぎだが、ここでいう承認欲求は、特に社会的な欲求や自分の能力という部分に関わる承認欲求である場合が多い。

自分に特別な能力や社会的立場が欲しいが、それが手に入らないときに食べたくなる食材であるわけだ。

つまり、この食材は、ある組織やチームにおけるリーダーシップを取るまでの過程において、その競争や周囲からの評価によってもたらされる様々なストレスに対処してくれるとされているわけだ。

どちらかというと、リーダーとしての活躍のために重要な食材であるというよりは、リーダーと呼ばれる立場に至るプロセスにおいて重要な食材であるといえるだろう。

4. ししとう

ししとうを特に好むグループには、自身の消極性や逃避欲求に対する嫌悪感を示す被験者が多く見られた。

このような気質に由来して、この被験者たちは強い責任感を示す傾向があり、特にこのグループは、自分に責任が無いようなことも自分のせいにして自罰意識を高めてしまうような、過剰な自己関連付けによる自責がよくみられた。

また、過剰な責任感に由来すると考えられる、心配性、強迫傾向もよくみられた。

リーダーを担う上で、それまでとは異なる責任の実感をした際に、精神に多大なストレスを抱えてしまうということは誰にでも起こりうることだ。

ししとうを好むグループの被験者のように、もともと責任感が強いタイプであれば、責任を回避するためにリーダーシップをとらないようにする可能性も考えられる。この食材はリーダーとしての生活にも、リーダーシップの獲得を目指す上でも役立つだろう。

5. チリパウダー

チリパウダーは、食生心理において、自罰傾向が強いほど好んで摂取される食材だとされている。

特にチリパウダーの場合、基本的に被験者の自罰意識の由来となっているのが、セルフイメージの低さであることがわかっている。

実際に自己評価指数を測るテストでも、チリパウダーを多用する被験者たちは平均してスコアが低い。

特にグループごとの作業テストにおいて、良い成績が残せなかった際には、その後の自己評価指数が極端に低下することも分かっている。

リーダーとして逆境を目の前にしたときに、行動の結果望ましくないものであったり、行動の責任を問われるというシチュエーションはあり得るものだ。だが、そのたびに過剰な自己卑下を行ってしまう事は望ましくない。

チリパウダーはそのための予防策になる食材として、期待できるかもしれない。

6. かつおぶし

カツオを好むグループでは、逆境や課題に直面した際に極端な意欲の低下を示す被験者が多くみられた。

特に、このグループは意欲の低下を自覚している場合が多く、意欲的になれないこと、やる気が出せないことに関して罪悪感を感じたり、自己嫌悪に陥りやすい傾向も見られた。

また、外発的動機づけによる「やる気」の誘発を試みても、あまり変化を示さない被験者が、他の食材群と比較しても多かった。

また、極端な無気力傾向を示すものほど、その原因は、直面したシチュエーションに対する恐怖心であることがわかっており、こういった被験者ほどカツオによるストレスの軽減効果は大きくなる可能性が示されている。

今回のテーマである逆境に立ち向かう力に関して言えば、これ以上ないほどの食材であるといえるだろう。

7. ココナッツオイル

ココナッツを好むグループに関しては、強いストレスを感じるようなトラウマを認識しないために、防衛行為として、記憶の抑圧を無意識に行っている様子が見られたり、その事実から目をそむけようとしているような状態の被験者が多く見られた。

特に、ココナッツオイルを好む被験者に共通して見られた特徴は、短期的で強いストレスにより生じたトラウマよりも、繰り返された失敗の記憶によって蓄積された苦手意識など、長期間にわたって肥大していったストレスによるトラウマに対する逃避欲求の方が強いという傾向があるという点だ。

リーダーとして活動していく中で、失敗が繰り返されるような時期もあるかもしれない。

チリパウダー同様、ココナッツオイルは失敗のたびに自分を追い詰めるようなことがないようにしてくれる、重要な食材となる。

8. レモン

自分のポリシーやこだわり、あるいは世間や自分の中のルールなどに強迫的感覚を抱いているという被験者が、レモン嗜好グループには非常に多く見られた。同時に、このグループにはそういった感覚に付随するストレスを感じている被験者も非常に多いということがわかっている。

レモンを好む者は、食生心理において、自分自身が課したルールにも、他者に課されたルールと同様に窮屈さを感じるという特徴的な性質をもつ。

つまり、自分自身からも他者からも自由でいたいと言うような潜在的な欲求を抱えていると言い換えることもできるだろう。

リーダーシップをとる上で、自分や他者にルールや規則を課す機会は訪れ得るものだし、それが必ずしも自分にとって楽なことであるとは限らない。ましてや、責任を負うことはそれ自体が新たな規則を自分自身にもたらすきっかけになる。

ここにストレスを抱えたままではうまく活動はしていけない。今回のテーマにおいて、レモンは欠かせない要素になるだろう。

番外編デザート

番外編②「チェー」

「学校や職場で楽しく過ごしたい人のデザート」

テーマ① 自分より出来ている人への劣等感の解消

テーマ② 仲間はずれにされる不安の解消

テーマ③ 一緒に過ごすと幸せになれると周囲に感じさせる

さて、休日に入る前に再び番外編としてデザートを紹介しよう。終わっていくことを悲しみながら過ごす休日というのは、もったいない。休日も楽しいが、早く職場や学校にも行きたいと思えるなら、こんなに素敵な人生はないだろう。

では、このタイミングでチェーを食べてみてはいかがだろうか。さて、いったいどんな作用をもつのか、レシピとともに見ていこう。

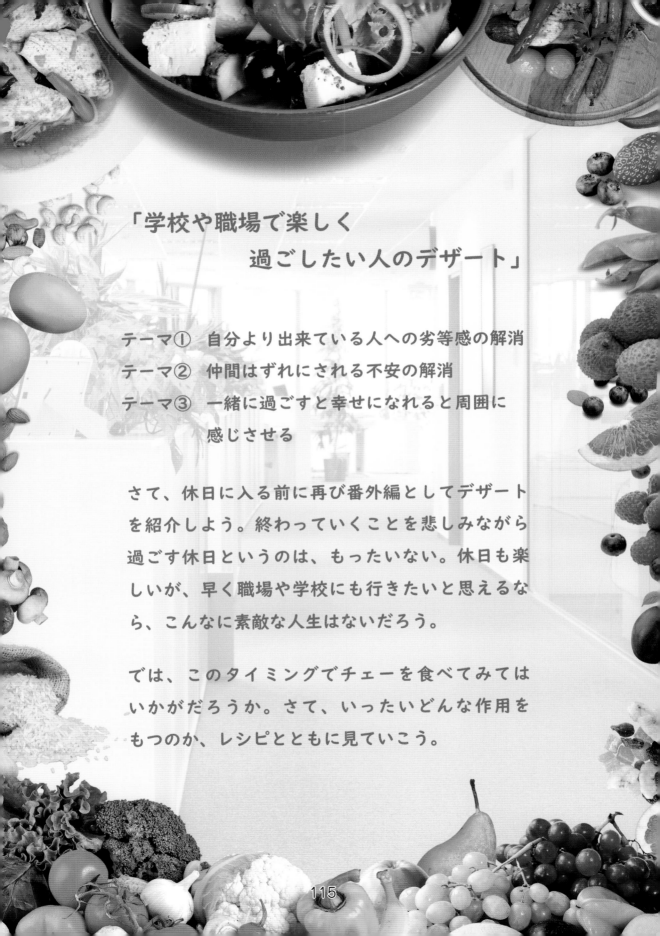

材料

バナナ	3 本
タピオカ	50 g
ココナッツミルク	480 ml
水	240 ml
砂糖	80 g
塩	小さじ 1/2
水溶き片栗粉	適量
カシューナッツ	適量

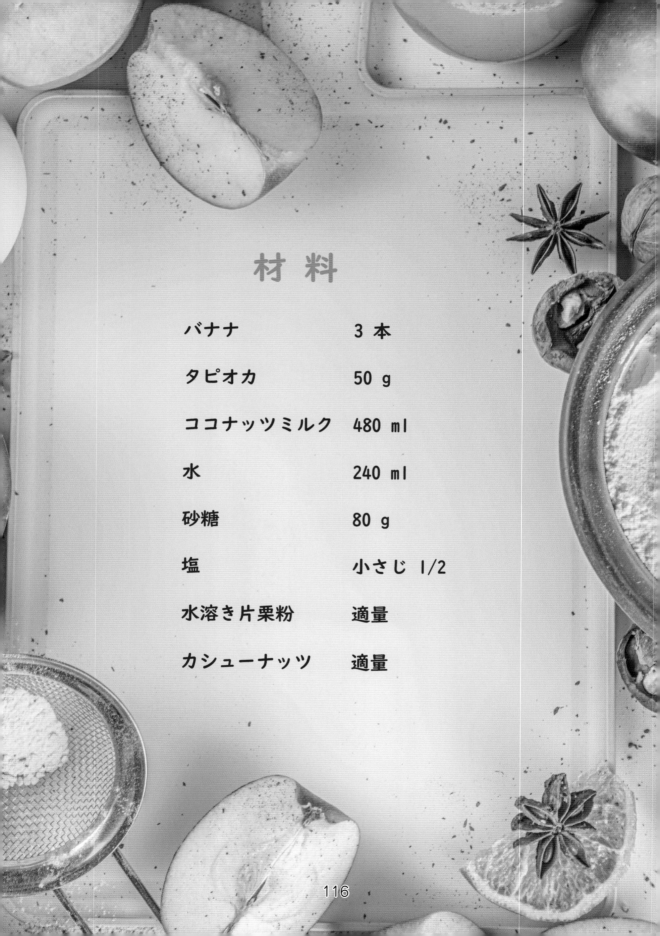

レシピ

1. 鍋にたっぷりの湯を沸かしタピオカを茹でる。全体の量の半分ぐらいが芯まで透明になり始めたら、冷水に取り上げる。

2. バナナは皮をむき、ラップに包み、電子レンジにいれて500Wで1分間加熱する。加熱し終わったら、食べやすい大きさに切る。

3. 鍋にココナッツミルクと水を入れ中火にかけて加熱する。水気を切ったタピオカとバナナも鍋に加え、軽く煮る。

4. 砂糖、塩を加えて味をととのえ、水溶き片栗粉を加えてとろみをつける。

5. 器に盛り、砕いたカシューナッツを散らして完成。

食生心理でみる各食材の意味

材料の中でも特に重要な食材をピックアップしている。
注意深く、その作用を見ていこう。

1. バナナ

バナナを好む被験者グループに見られた特徴として、成績不振や何らかの失態をきっかけとして、自分の事を誰かと比べて馬鹿だ、知性に欠けている、と感じている者が多いという点があげられる。

特に失敗の体験などが引き金となっている場合以外でも、単純に自分の知性にコンプレックスを抱いていると好む傾向にある。

特に自分の両親や兄弟、子どもを自分よりも知的である、知識があると感じていたり、単純に自分よりも良い学歴がある、と言うような条件の被験者の場合、バナナ摂取時のストレス軽減がより大きいという傾向を示した。

食生心理において、バナナは学校や職場での劣等感の解消には非常に役立つ可能性のある食材であるとされている。

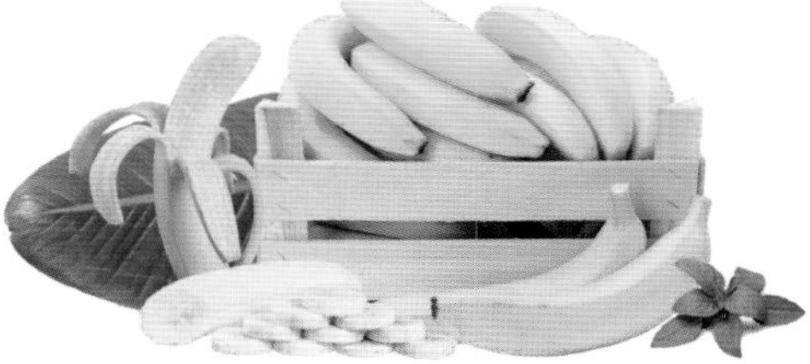

2. タピオカ

タピオカの主な原料がキャッサバなのか、蒟蒻芋なのかによって意味は変わるが、今回は主に利用されているキャッサバの方で説明しよう。

キャッサバを好む被験者に共通して見られた特徴としては、自分の家族や親戚、親しい友人など、自分のテリトリー内に所属しているとみなす他人に対しての不満が強いという点があげられる。

また、特にこのグループの被験者は、テリトリー意識が強く、自分のテリトリーを守ることに対する意識も高い傾向を示した。

同時に、常にテリトリーが脅かされることの不安を抱いている可能性も高く、自らがそのテリトリーから排除されることを何よりも恐れているということがわかった。

つまり一般的に子育てなどで過干渉になりやすいタイプの親と共通した特徴をもっている。

面白いことに、実際に親子関係診断テストにおいて、このグループにもっとも多かったのは、過干渉型と判断された親だった。

テリトリー意識が強いほど、学校や職場のような社会的集団における自分の立場を守ることに必死になってしまうし、ストレスは大きい。

もっとその集団での自分の人生を謳歌するために、タピオカは良い食材かも知れない。

3. カシューナッツ

カシューナッツを好む被験者たちには、自分の成功や幸福な状態を、隠そうとする傾向があることがわかった。

その被験者たちは、自分が幸福であったり、成功している状態を他人に知られることに罪悪感があったり、あるいはそれらを他者に知られることで自分の成功が脅かされるのではないかと、潜在的に感じているという傾向がみられた。

また被験者の中には、単純に自分のプライベートを守るという意図で、意識的に自分の成果を語らないようにしている者もいた。

食生心理においては、カシューナッツの摂取によって、社会に対して自分の安全性を感じられるようになり、自分の成果や承認してほしい要素を安心して表現できるようになるという可能性があるとされている。

実際にこの食材を長期間摂取していた被験者たちの中には、漠然とポジティブな考えや言動が増加したというものも多い。

そしてやはり、人々は、不幸せそうにしている人よりも、幸福そうにしている人や、うまくいっている人に漠然と惹かれていくもの。

安心して幸せな自分というものを表現できることは、様々な社会集団の中にあって、人を惹きつけることにつながるだろう。

⑦土曜日のレシピ

「カーコート」

（ベトナム風魚の土鍋煮）

「人生をもっと楽しみたい人へのレシピ」

テーマ①　自分主体で生きる

テーマ②　楽しい人間だと思われたい

テーマ③　もっと人生を楽しみたい

実は、最も休暇として満喫できる休日は、祝日だといわれている。次いで、日曜日。なんと土曜日は、最も前日の仕事を引きずりやすく、自分の時間がもてない休日だと言われているのだ。

そのせいで、日曜日になってあわてて自分の時間をもとうとするのかもしれない。

だが、せっかくの休みなのだから、自分の楽しみのために時間を使うことを自分に許可したいものだ。

そこで、カーコートはいかがだろうか。
さて、いったいどんな作用をもつのか、レシピと共に見ていこう。

材料

ぶりの切り身	4 枚
にんにく	1 片
細ねぎ	6 本
薄切りにした生姜	6 枚
唐辛子	適量
ヌックマム	15 g
砂糖	15 g
水	180 ml
サラダ油	大さじ 1
ヌックマム	20 g （下味用）
砂糖	20 g （下味用）
水	20 g （カラメル用）
砂糖	30 g （カラメル用）

レシピ

1. 小鍋にカラメル用の砂糖と水を入れ、中火にかけ、コゲに注意しながら、カラメル状になるまで煮詰める。カラメル状になったら、カラメルは完成。

2. ぶりの切り身は一切れを２～３等分して、下味用の砂糖とヌックマム、先ほど完成したカラメルにつけて、1時間以上置く。

3. 細ねぎは青い部分と根元の白い部分に切り分け、青い部分を小口切りにする。白い部分はみじん切りにする。にんにくもみじん切りする。

4. フライパンにサラダ油を熱し、細ねぎのみじん切りにした白い部分と、にんにくを全て入れる。香りがたってきたら、ぶりを下味用の調味料ごと加え、表面を焼いていく。

5. 表面に焼き色が付いたら水、ヌックマム、砂糖を加えて煮る。ブリにしっかりと火が通ったら煮汁の味をみて、必要であればヌックマムと砂糖で味を調整しても良い。

6. 唐辛子、生姜を加えて煮汁を煮詰める。

7. 煮詰まったら、フライパンの中身を全て土鍋に移して火にかけ、温まったら細ねぎの小口切りにした青い部分を散らして完成。

食生心理でみる各食材の意味

材料の中でも特に重要な食材をピックアップしている。
注意深く、その作用を見ていこう。

1. ぶり

食生心理において、ぶりは被験者の自己顕示欲との結びつきが深い食材であるという可能性が示されている。

このグループ全体に見られた特徴としては、自分の明るさ、ユーモア、快活さを表現して、他者にそれを理解して欲しいという欲求が強いという事があげられる。

また、この食材を好む被験者グループには、物静かであったり、暗い性格を「望ましくない性格」であると考えるものが多かった。

そんな中で、自己を否定する材料として明るさやユーモアを利用する傾向も良く見られた。自分自身を暗い人間である、つまらない人間である、面白くない人間である、と批判するわけだ。

極端に言えば、本当はもっと楽しい人間なんだよ、ということを見て欲しいときに食べたくなる食材であるともいえるかもしれない。

今回の３つのテーマのどれを追求する上でも、最適の食材だといえるだろう。

2. ヌックマム

ヌックマムはナンプラーのような魚醤《ぎょしょう》の一種だ。

ナンプラー同様に、コントロール欲求が強い被験者に好まれる食材だということがわかっているが、最大の違いは、ヌックマムの場合はコントロール欲求が向く対象が自分自身であるという点だ。

特にこの食材を好む被験者にみられた特徴は、自分の快楽の抑圧だった。声を出して笑うことを恥じたり、攻撃衝動を過剰に押さえ込んだり、人間の性的衝動を否定的に捉えたりと、こういった抑圧の反応は幅広い範囲でみられた。

ここまでなら後述する唐辛子とも近い要素だが、ヌックマムを多用する層は、社会的な道徳観念や規範において肯定的に捉えられることが少ない事柄（声を出して笑うことは下品であるという考えであったり、性的衝動は恥ずかしいものだ、等という考え）を特に受け入れ難く感じるようだ。

他者の視点に恐れを感じていて、こんなことで喜んでしまうと、誰かに怒られてしまうのではないか、というような考えをもっているともいえるのかもしれない。

特にこういった被験者のストレスを軽減する作用が強いという可能性が示されているため、人生を思うままに楽しむ上ではとても大切な食材だ。

3. にんにく

この食材を好むグループには、気分の落ち込みや悩み事が直接集中力の低下に繋がるタイプの被験者が非常に多かった。

特に自分の意見を主張する際に相手の反応を過剰に気にしてしまい、本音が出せなかったり、自分の思うことをそのまま伝えられないような傾向を見せるものも多かった。

結果的にうまく自分の意見を伝えられなかったり、会話に集中できなかったり、誰かが好むかもしれない「嘘の意見」を語ってしまう様子が多くみられた。

ヌックマム同様に、他者の視線を恐れるあまり、自分の思想や感情をコントロールしてしまうわけだ。

自分らしく生きることを妨げてしまうような、こうした感覚を緩和することにおいて、食生心理ではにんにくが最適な食材であるとされている。

4. 細ねぎ

ヌックマムやにんにくに引き続き、細ねぎについても、人にどう見られるかを極端に気にしてしまったり、他者の影に常に怯え、緊張しているような状態にある被験者に、特に好まれることがわかっている。

特にこのグループの場合、行動意欲の根源にあるのが、「嫌われたくない」という思いだと見受けられることも多く、本来の目的を意識して行動できないような様子がみられた。

こういった「人の視線が気になる」というテーマについていうのなら、食生心理において細ねぎは最も効果的な食材であるとされている。

特に細ねぎを長期に渡って継続摂取していた被験者の中には、この手の不安の改善を実感する者が非常に多くみられたのだ

この食材も、本来の自分の目的の為に生きられるようになることを後押しする食材として、是非取り入れたい。

5. 生姜

生姜を好む被験者の大部分に共通して見られた特徴としては、他のグループと比較して、自らの価値観や思想を潜在的に恥じている傾向がみられるという点があげられる。

実際にカウンセリングや面接において、この被験者たちは、自分のポリシー、主義を語るというテーマに関して特に消極的であった。

この背景となっているのは、このグループに共通する「間違えたくない」という一種の完璧主義的な感覚であると考えられる。

自分の評価を下げたくない、嫌われたくない。だが、何かを間違えてしまうと、自分の評価が下がると考えているわけだ。

こういった思想はほとんどが幼少期から続いているもので、「こんな間違いをしたら、ママに嫌われてしまう」「ダメな子どもだと思われてしまう」というような考え方が由来となる。

そして、これを裏付けるように、生姜嗜食グループの被験者たちには、他のグループの被験者と比較して失敗時の「言い訳行為」が多く見られた。

これもまた、間違えたくないという感覚が原因となっている。
自らが抱く思想の是非を他人に委ねている状態では、自分らしく生きることは困難だ。

この食材は食生心理においては、自分自身に対する迷いや疑いを取り除くといえるかもしれない食材だ。今回のテーマには欠かせない。

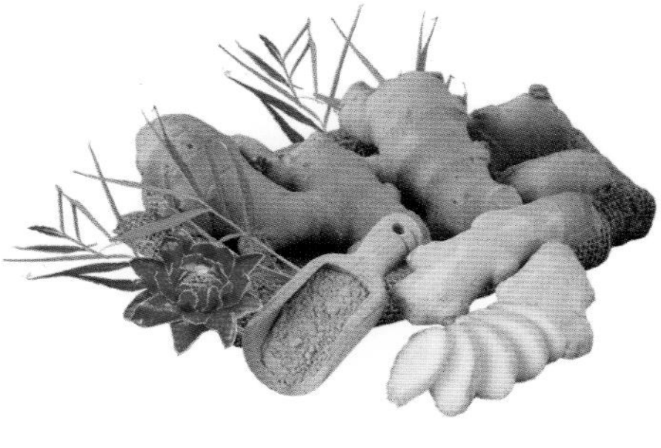

6. 唐辛子

チリパウダーと近い性質をもっており、唐辛子を多用する被験者に共通して見られる要素としては自罰傾向が挙げられる。

ただ唐辛子特有の要素として、この食材を好む被験者たちの多くの自罰の由来が、自分のために行動することに関する罪悪感であるという点があげられる。

自分の利益のために行動することを、無条件に「悪いこと」であると感じてしまっているのだ。

さらに、このグループの被験者たちは、奉仕する立場にあるときの方が、ストレスを感じにくいということがわかっている。同時に、奉仕する立場にあるときは「やってあげてるのに……」「自分はこんなに我慢してるのに……」というような、他罰的な言動もみられた。

つまりこの被験者たちは、潜在的に、他人のために尽くす人間である方が優位に立てると考えており、自分を犠牲にして他人に尽くすことを一種の防衛のツールとして使っている可能性が高い。

だが、これは、顕在的なニーズと、防衛本能の間に剥離が生まれてしまっている状態だ。健全な状態であるとは言い難いかもしれない。

特に今回のテーマにあるような、内容を実現する上では、唐辛子を利用して、こうした考えを解消した方が良いのかもしれない。

あとがき

食生心理と言うのは、未だ研究中の学問であり、絶えずその結果は変わっていき毎日新たな興味深い情報が見つかっている。

本書には特に精度が高いとされたデータを集めているわけだが、食というテーマは膨大だ。研究を進めるためには、たくさんの研究と情報が必要であり、その収集には時間もかかる。

こうした書籍を皆さんが利用して、様々な体験をしてくれることで、そのデータの積み重ねを利用して、この研究はさらに進んでいく事になる。

以下に記載するホームページの問い合わせフォームより、ぜひ、本書を購入した皆さんのフィードバックを寄せていただきたい。

https://leosakaguchi.com/

皆さんにご協力いただくことで、人類とは切っても切り離すことができない「食」という文化を新しいステージに進化させることが、より早くできるかもしれない。

食生心理をさらに深く学びたいという方のために、セミナーや定期講座も開催している。ご興味がおありの方は、上記ホームページの問い合わせフォームよりお問い合わせ願いたい。

この食生心理が体系化されていくことで、人類が数千年、いや数万年も「美味しさ」と「栄養」以外にその価値を見出せなかった「食」という文化の新しい扉が開けるかもしれない。

この本をいち早く手に取った皆さん、食生心理を学び始めた皆さんは、食に対する人類の数万年にわたる「勘違い」を正す、最初の人間になるのかもしれない。

そう考えると胸が躍らないだろうか。
それでは、次に出版を予定している、和食編、洋食編で再びお会いしよう。

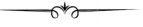

著者

坂口烈緒

心理カウンセラー

一般社団法人 Janic BPM 講師

Noble Gate 株式会社　代表取締役

PFP国際研究連盟　　研究顧問

食の心理学「食生心理」で作る
心理を読み解く食材とレシピ
エスニック料理編

2023年5月21日初版第1刷発行
著　者　坂口烈緒
発行者　百瀬精一
発行所　鳥影社（choeisha.com）
〒160-0023
東京都新宿区西新宿3-5-12トーカン新宿7F
電話 03-5948-6470, FAX 0120-586-771
（本社・編集室）
〒392-0012 長野県諏訪市四賀229-1
電話 0266-53-2903, FAX 0266-58-6771
印刷・製本　シナノ印刷

ISBN978-4-86782-024-7　C0011